Valie Export
Das Reale und sein Double: Der Körper

Vortrag im Kunstmuseum Bern
13. Dezember 1987
um 9, hrsg. von G.J. Lischka

© 1992 Autorin und Benteli Verlag
Gestaltung: Benteliteam
Satz und Druck: Benteli Druck AG, 3084 Wabern
Printed in Switzerland
ISBN 3-7165-0602-8

Valie Export

Das Reale und sein Double: Der Körper

Benteli Verlag Bern

Das Reale und sein Double:
DER KÖRPER

In einer berühmten Passage in «Das Unbehagen in der Kultur» hat Sigmund Freud eine unerwartete Grundlage nicht nur für eine adäquate Medientheorie, sondern auch für die Reflexion des Verhältnisses von Körper und Technologie, von Körperfunktion und Werkzeug, natürliche Organe und künstliche Prothesen gelegt.

«Mit all seinen Werkzeugen vervollkommnet der Mensch seine Organe – die motorischen wie die sensorischen – oder räumt die Schranken für ihre Leistung weg. Die Motoren stellen ihm riesige Kräfte zur Verfügung, die er wie seine Muskeln in beliebige Richtungen schicken kann, das Schiff und das Flugzeug machen, daß weder Wasser noch Luft seine Fortbewegung hindern können. Mit der Brille korrigiert er die Mängel der Linse in seinem Auge, mit dem Fernrohr schaut er in entfernte Weiten, mit dem Mikroskop überwindet er die Grenzen der Sichtbarkeit, die durch den Bau seiner Netzhaut abgesteckt werden. In der photographischen Kamera hat er ein Instrument geschaffen, das die flüchtigen Seheindrücke festhält, was ihm die Grammophonplatte für die ebenso vergänglichen Schalleindrücke leisten muß, beides im Grunde Materialisationen des ihm gegebenen Vermögens der Erinnerung, seines Gedächtnisses. Mit Hilfe des Telephons hört er aus Entfernungen, die selbst das Märchen als unerreichbar respektieren würde; die Schrift ist

ursprünglich die Sprache des Abwesenden, das Wohnhaus ein Ersatz für den Mutterleib, die erste, wahrscheinlich noch immer ersehnte Behausung, in der man sicher war und sich so wohl fühlte.» (Zitiert nach S. Freud, Studienausgabe Band IX, S. 221, Fischer, Frankfurt 1982.)
Freud definiert also die technischen Werkzeuge als Ausdehnungen, Vervollkommnungen, Transgressionen der menschlichen Sinnesorgane. Vom Motor bis zur Kamera, vom Mikroskop bis zum Telefon sind die technischen Werkzeuge/Medien sowohl Verlängerungen der Funktionen der natürlichen Körperorgane, als auch Überwindungen von deren Grenzen und Schwächen. Mit Hilfe einer Armee von Hilfsorganen, die aber nicht nur künstlicher Ersatz sind, sondern auch unvorstellbare Steigerungen der Leistungen der natürlichen Organe, hat der Mensch nicht nur die natürlichen Schranken seines eigenen Körpers überschritten, sondern auch die von der Natur auferlegten Grenzen, wie z.B. die Gravitation. Den Gebrauch von Werkzeugen nennt Freud die ersten kulturellen Taten. Als kulturell gelten ja «alle Tätigkeiten und Werte, die dem Menschen nützen, indem sie ihm die Erde dienstbar machen, ihn gegen die Gewalt der Naturkräfte schützen und dergleichen» (Freud, op.cit., S. 220).
Werkzeuge sind also das Ergebnis der kulturellen Entwicklung und der Vervollkommnung der natürlichen Organe des Menschen. Die Vervollkommnung besteht darin, die Leistungen dieser Organe zu unlimitieren. Mit Hilfe der Werkzeuge

kann der Mensch die natürlichen, vom Körper gesetzten Schranken überwinden. Zur Logik der kulturellen Entwicklung im Kampf gegen die Natur zum Schutz des Menschen gehört der Triumph der Werkzeuge über die Körperorgane. Ist doch die Kultur selbst nichts anderes als «die ganze Summe der Leistungen und Einrichtungen, ... die zwei Zwecken dienen: dem Schutz des Menschen gegen die Natur und die Regelung der Beziehungen der Menschen untereinander» (Freud, op.cit., S. 220).

So ergibt sich das scheinbare Paradox, daß die Werkzeuge, indem sie die natürlichen Organe vervollkommnen, ergänzen, steigern, also den von den natürlichen Organen vorgelegten Funktionen, Rationalen des Begehrens folgen, die natürlichen Organe selbst überwinden und schließlich ersetzen, je vollkommener und kultureller sie werden. Das Wohnhaus ersetzt den Mutterleib, nicht nur weil der Embryo zum Erwachsenen geworden ist, sondern weil die Kultur die Natur im Einsetzen des Realitätsprinzips zu ersetzen und zurückzudrängen beginnt.

Die Technologie als Summe aller Werkzeuge dient also nicht nur der kulturellen Transformation der Natur, sondern hat auch die Tendenz, den Körper selbst zu transformieren und aufzulösen, gerade indem Technologie eben kulturelle Tätigkeit ist. Die Kulturation des Körpers ist gleichzeitig auch seine Substitution und Absenz. Wie alle Technik, Zivilisation, Kultur eine «Sprache des Abwesenden» ist. Als Sprache des Anwesenden gehört der

Körper zur Rhetorik des Realen – das ist seine Crux. Die Kreuzigung ist deswegen zu einem zentralen Phantasma unserer Kultur aufgestiegen, weil sie die Rolle des Körpers in unserer Kultur demonstriert. Der Körper ist das Medium des Realen und Sozialen, der Kontrolle. Der Körper ist das «Kairos» des Subjekts. Eben weil der Körper die reale Insertion in die Welt darstellt, die Insertion des Subjekts ins Reale, kann der Körper ans Kreuz genagelt und der Sohn gezwungen werden, sich dem Gesetz des Vaters, dem Realitätsprinzip zu unterwerfen. Die Seele entweicht aus dem gepeinigten, toten Körper als Rettung des Subjekts ins Imaginäre.

Die Sprache des Anwesenden vermischt sich aber mit der Sprache des Abwesenden im Triumph der Technologie *als* Körper, der auch ein Triumph *über* den Körper ist. Den Körper als exklusiven Ort der Natur zu definieren, ist daher eine reichlich naive Vorstellung. Denn Kultur, auf der wir doch alle bestehen, bedeutet immer auch Kulturation des Körpers, technische Extension und Transformation des Körpers.

Diese Transformation beginnt übrigens lange vor dem Erlernen der Werkzeuge, nämlich schon bei der Ichentwicklung, bei der Lösung des Ichs von der Außenwelt. Nicht nur in der kulturellen Entwicklung wird der Mutterleib zum Wohnhaus, sondern auch in der psychischen. Bei der Ichbildung wird der Körper selbst schließlich zur Außenwelt.

Die Ersetzung des Mutterleibes durch das Wohnhaus und des Wohnhauses durch die eigene Behausung gehört zu den Entwicklungsstufen der Ichbildung, wo am Ende sogar der Körper nicht mehr als Haus des Ichs empfunden werden kann. Die fortschreitende Vervollkommnung und Ersetzung der natürlichen Organe durch künstliche Werkzeuge, die wiederum selbst neue Werkzeuge und künstliche Organe herstellen können, bewirkten einen kulturellen Fortschritt, schufen eine Kulturhöhe, eine zivilisatorische Pyramide, an deren Spitze der Mensch als eine Art Prothesengott sitzt.

«Der Mensch ist sozusagen eine Art Prothesengott geworden, recht großartig, wenn er seine Hilfsorgane anlegt, aber sie sind nicht mit ihm verwachsen und machen ihm gelegentlich noch viel zu schaffen. Er hat übrigens ein Recht, sich damit zu trösten, daß diese Entwicklung nicht gerade mit dem Jahr 1930 A.D. abgeschlossen sein wird. Ferne Zeiten werden neue, wahrscheinlich unvorstellbar große Fortschritte auf diesem Gebiete der Kultur mit sich bringen, die Gottähnlichkeit noch weiter steigern. Im Interesse unserer Untersuchung wollen wir aber auch nicht darauf vergessen, daß der heutige Mensch sich in seiner Gottähnlichkeit nicht glücklich fühlt» (Freud, op.cit., S. 222).

Der Begriff der Prothese ist also nicht vom kulturellen Prozeß, von der zivilisatorischen Entwicklung zu trennen. Freud selbst führt diesen Begriff der Prothese in der Diskussion des kulturellen Fortschritts ein. Der kulturelle Diskurs selbst erzeugt die Artefakte und Prothesen, die vor dem Körper nicht Halt machen, sondern im Gegenteil, weil der Körper der Ausgangspunkt für die Werkzeuge ist, muß jedes «made object as a projection of the human body» (Elaine Scarry, The Body in Pain, S. 281, Oxford University Press, 1985) aufgefaßt werden. Es ist also die Logik des Körpers, die die Prothese hervorbringt. Der Körper erzeugt seine eigene Technologie.

Zu den «unvorstellbar großen Fortschritten auf diesem Gebiete der Kultur», die Freud voraussah, und die die menschliche «Gottähnlichkeit noch weiter steigern» würde, gehört zweifelsohne jene Technologie, welche sich mit Gottes Monopol schlechthin befaßt, nämlich die Erzeugung des Lebens. Die Reproduktionstechnologien stellen die Frage nach dem Körper, vor allem nach dem weiblichen Körper, am radikalsten.

Der weibliche Körper

Die Zeugnisse von Frauen über ihre Körpererfahrung sind ambivalent. Wenn die Extase und der Schmerz die beiden Erlebensformen sind, wo wir den Körper am deutlichsten und direktesten erfahren, und wir aus dieser binären Polarität Strategien der Ichentwicklung, des Körperbewußtseins und des Verhältnisses zur Außenwelt entwickeln, ja sogar eigentlich Außenwelt, Körper und Ich begrifflich aus dieser Erfahrung erst konstruieren, nämlich als Abwehr von Unlust, die uns

die Realität über den Körper aufzwingt, und als Suche nach Lustbefriedigung, die uns der Körper gewährt, dann haben die Bilder und Sprachwerke von Frauen, die zu uns von den weiblichen Körper-Erfahrungen sprechen, die Tendenz, einsichtsvoller und eigenständiger zu sein, wenn sie vom Schmerz des Körpers handeln – was für eine patriarchalisch strukturierte Gesellschaft, die auf dem Lustgewinn der Männer aufgebaut ist, nicht überraschend kommt. Sprechen Frauen von der Lust des Körpers, dann ist ihr Vokabular wie bei Erica Jong oder Anäis Nin Abklatsch trivialer männlicher Pornographie. «Ihr Wort finden», ihre Sprache, the missing gender, gilt auch hier.
Zahlreich und «eigensinnig» sind hingegen die Zeugnisse in Literatur und Kunst, wie Frauen ihren Körper als verstörend, die körperlichen Funktionen, die vom weiblichen Körper erwartet werden, bedrückend empfinden. Der Körper erscheint als Belastung, als ein Stück Außenwelt, ja sogar als Krankheit.
Die französische Lyrikerin Danielle Sarréra, die sich 1949 im Alter von 17 Jahren umgebracht hat, beschreibt in ihren Texten die Wandlung des «Weibkindes» (D. Sarréra) zur Frau als mörderisch: «Mein Bauch war eine Gebetstrommel. Das (…) Geschlecht einer geschändeten Jungfrau heulte, zerschnitten auf einem Dach, blutig. Gesichtsversehrte loderten in Gluten, flossen als Lava die ganzen Brüste hinab» (D. Sarréra, Arsenikblüten, S. 75, Matthes & Seitz, München 1978).

Ein Ton schlägt uns entgegen, eine Metaphysik der Agonie, der Verweigerung, der Leere, deren Klang schon Sappho angegeben hat, welche die körperlichen und seelischen Qualen der femininen Pubertät beschreiben. Geburt, Bauch, Körper, all diese Synekdochen der Feminität, die sie sich einverleiben soll bzw. muß, um in unserer Gesellschaft als Frau zu gelten, stößt Sarréra als zerstörerisch zurück. Sie will ihr Selbst nicht zerstören müssen, um weiblicher Körper sein zu können. Sie zerstört lieber ihren Körper (im Freitod). In dieser Krise der weiblichen Adoleszenz, in diesem «dunklen Frühling» (Unica Zürn), hören wir die Schreie des weiblichen Körpers, fruchtbare Momente der Wahrheit, die später im angepaßten Bewußtsein, im konventionellen weiblichen «Paria-Bewußtsein» (Elisabeth Lenk) verstummen.
«Mit einer Seele und einem Körper, mit diesem einzigen Schwung, der die Schleuder zerbricht und den Schädel zerschmettert, die Fensterscheiben einschlägt, aus dieser verdammten Einsamkeit, wo sich die verwesten Raben des gänzlich zerrütteten Geistes versammeln, aus diesem für unsere unerfüllten Aussichten zu kleinen Ort, wo wir Welten guten Willens mit hinfort unüberschreitbaren Quellen trostlos haben leben und sterben sehen, aus diesem eisigen abgeschlossenen Raum, wo kein Gebären möglich ist, richte ich, die stolze Dienerin eines Todes, der viel toter ist, als ihr das glauben könnt, diesen Gruß an euch, von ganzem Herzen hoffend, daß er euch kreuzunglücklich machen wird und euch immer

tiefer sinken läßt, bis zu der stummen Stunde der gesetzlich gebilligten Verbrechen, die aus den Phantomen, die ihr seid, eine endgültige Welt mit heillosem Schweigen schaffen wird» (D. Sarréra, S. 15–17).

In ihrem 1958 geschriebenen und gezeichneten Buch «Das Haus der Krankheiten» (1986, Brinkmann & Bose und Lilith, Berlin) schreibt die deutsche, in Paris lebende Unica Zürn über «verbotene Zimmer»: «Von Anfang an habe ich mich für das Kabinett der Sonnengeflechte und für die Kammern der Hände entschlossen. Den Saal der Bäuche und auch die Busenstube meide ich sorgfältig» (S. 61). In der Phänomenologie des Schmerzes wird der Körper zum Haus der Krankheiten. Busenstube und Saal der Bäuche als Architektur des Weiblichen werden gemieden. Aus ihnen «weht ein süßlicher, heißer Geruch, der mir übel macht», und «so flößt mir die Busenstube nur Verzweiflung ein» (S. 62). Es sind also insbesondere die prototypischen Geschlechtsmerkmale des Weiblichen und die Organfunktionen des Weiblichen, Busen und Bauch, Milch und Gebären, welche Unica Zürn Schrecken und Verzweiflung einflößen. Zürn verbrachte die Jahre 1960–62 in Jacques Lacans psychiatrischer Klinik St. Anna und wählte 1970 mit 54 Jahren den Freitod. Es ist nicht der Körper selbst, sondern dessen Weiblichkeit, die soziale Doktrin des Körpers als Definition der Frau, die Identifizierung des Wesens der Frau mit ihren körperlichen Geschlechtsmerkmalen und -funktionen, die den Körper zum Haus der Krankheiten macht, zum Ort des Todes.

«Rot winde den Leib,
Brot wende in Leid,
ende Not,
Beil wird Leben.
Wir, dein Tod
weben dein Lot dir
in Erde. Wildboten,
wir lieben den Tod.»

So lautet ein Anagramm von Unica Zürn (Hexentexte, Galerie Springer, Berlin 1954). Zürn war in den letzten Jahrzehnten ihres Lebens von Anagrammen fasziniert. «Anagramme sind Worte und Sätze, die durch Umstellen der Buchstaben eines gegebenen Wortes oder Satzes entstanden sind», schreibt Zürn selbst. Es geht dabei darum, durch rein formale Manipulationen der Sprachzeichen, verborgene, verdrängte Bedeutungen aus der Sprache selbst hervorzuholen, den entstellten Sinn wieder herzustellen. Daß aus dem Leib in einem anagrammatischen Gedicht am Ende der Tod wird, offenbart den Sinn, daß die Konstruktion des Weiblichen auf dem Körper Schmerz für das weibliche Selbst und schließlich wegen dieses Schmerzes Auslöschen des Körpers selbst bedeutet. Zürn fühlte sich oft als Verbündete der Indianer, sozusagen als Mitglied einer unterdrückten, vom Auslöschen bedrohten Rasse. Das Leben selbst konnte daher den ihr eigenen Sinn nicht mehr hergeben. 1958 schreibt sie «dieses Leben ist nicht mein Leben geworden». Das «Suchen in einem Satz nach einem neuen Satz» ist das Suchen nach einem neuen Sinn, ist der Versuch, wenn schon nicht dem Leben, so doch den Sätzen über das Leben einen neuen eigenen Sinn zu geben. Wenn schon nicht das Leben ihr eigenes geworden ist, das die Identität freisetzt, dann soll zumindest die Sprache ihre eigene werden. Die Suche in einem Satz, nach einem neuen Sinn, die anagrammatische Tätigkeit selbst, ist der Ausweg aus dem Haus des Körpers, dem versperrten Leben. In erschreckenden Texten wird der Schmerz des Körpers, des weiblichen Körpers, artikuliert. Die Konstruktion des Selbst auf den weiblichen Geschlechtsmerkmalen des Körpers in unserer patriarchalischen Gesellschaft haben ihr Qualen verursacht und keinen Ausweg gelassen. Ihr Denken, ihre Sensibilität, ihr Selbst wurden durch den sozial definierten weiblichen Körper entstellt, verstellt, sodaß sie «eine Frau unter Einfluß» wurde, sich «auffällig» benahm. In den Sätzen anagrammatisch nach einem neuen impliziten Sinn zu suchen, wurde ab 1953 ihre Obsession, als ihr der Sinn der Konstruktion des Weiblichen auf dem Körper zu entschwinden begann. Psychische Krankheiten als Dekonstruktion dieses weiblichen Körpers, als Auflösung des sozial bestimmten weiblichen Körpers gehören ja seit langem zu den Strategien femininer Insurrektionen. Daß Unica Zürn mit Hans Bellmer zusammenlebte, der sich durch seine künstlerischen Puppen einen

Namen gemacht hat, ist eine Fügung, die unsere Interpretation unterstützt, und die Schicksal genannt wird, wenn es sich um tiefe vorbedingte Affinitäten handelt. Bellmers Puppen sind nämlich Abbilder eines zerstückelten und neu zusammengefügten weiblichen Körpers. Bellmer tut somit in seiner visuellen Kunst genau das, was Zürn in ihrer Sprache tut. Wie der Körper in Organe zergliedert und immer wieder neu zusammengesetzt wird, so wird der Satz in seine Buchstaben zerlegt und neu zusammengefügt. Objektuale oder verbale Anagrammatik erfolgt aus dem Ungenügen des Körpers als soziale Konstruktion der Frau. Die Vertauschbarkeit der Körper- und Satzteile steht für die Austauschbarkeit des Selbst der Frauen als Körper. Über ihren Körper wird die Frau Element der sozialen Grammatik des männlichen Begehrens. Durch die soziale Grammatik des Leibes, wo die weiblichen Versatzstücke des Körpers wie Busen, Bauch, Po, Beine etc. austauschbare sprachliche Elemente sind, wird die Frau selbst austauschbar, ausgelöscht und existiert in diesem Sinne nicht, wie Lacan sagt. Gerade durch die Referenz auf den Körper, auf die weiblichen Kennzeichen des Körpers, z.B. der «Womb» als Gegensatz zum Phallus, liefert sich also die Frau ihrer eigenen Auslöschung in der patriarchalischen Struktur unserer Zivilisation aus. Unica Zürns Texte dekonstruiert zeigen uns, wie das Verharren auf dem Körper als Natur, als Ort der weiblichen Natur, als Ort der Frau, wie es in der Ideologie des Gebärens, der Mutterschaft etc. zum Ausdruck kommt, genau jenen Spuren folgt, die die patriarchalische Gesellschaft ausgelegt hat, nämlich genau ihrer Konstruktion des Weiblichen gehorcht, wo die Frau ein kastrierter Mann ist. Eben weil die Frau nicht existiert, muß sie konstruiert werden. Eben weil die Lückenhaftigkeit (der Penismangel, die anatomische Differenz) zum Weiblichkeit bestimmenden Merkmal wurde, folgt die Insistenz auf diesen Merkmalen (Busen, Vagina), wenn auch ins Positive verdreht, der männlichen Logik der Konstruktion des Weiblichen. Entkörperlichung und Ablehnung des Körpers sind also nicht gleichbedeutend mit Ablehnung des Weiblichen. Nur dort, wo das Weibliche mit den weiblichen Körpermerkmalen identifiziert wird, wie es Freud vorgelegt hat, kann die Ablehnung des Körpers (als Haus der Krankheit), kann die Flucht in die Krankheit (wie bei der Hysterie) als Ablehnung des Weiblichen verstanden werden. In Wahrheit geht es darum, wie uns die Geschichte der Hysterie, feministisch interpretiert, beweist, die soziale Identität von Körper und Frau aufzubrechen, das weibliche Selbst vom weiblichen Körper und seinen weiblich-biologischen Körperfunktionen zu lösen, mit einem Wort, die soziale Konstruktion des Weiblichen durch das Patriarchat aufzuheben.

In einer phallokratischen Kultur kann die Frau, das Wesen, das keinen Phallus hat, nur als Defizit und Defekt definiert werden, als nicht existent, da bei ihr ja nicht existiert, was der Mann hat, der Penis. Ihre körperlichen Geschlechtsmerkmale

sind die Negativformen des Mannes, markiert durch die Leere, die Abwesenheit (des Penis). Wer also seine Selbstbestimmung auf den weiblichen Körpermerkmalen und Geschlechtsfunktionen begründen zu können vermeint, vertieft nur die männliche Bestimmung. Daher kommt es, daß je phallokratischer eine Gesellschaft ist, ja faschistisch männerbündischer, desto mehr das Loblied auf die Frau als Mutter, als Natur, als Gebärerin gesungen wird, also ein Lied auf die weiblichen Geschlechtsmerkmale und Körperfunktionen, weil es ein Lob der Frau als Negativität des Mannes ist. Ist die Frau die Negativität des Mannes, charakterisiert durch Mangel und Abwesenheit, ist sie logischerweise virtuell nicht existent und muß daher konstruiert werden. In der phallokratischen Gesellschaft erfährt daher die Frau, sofern sie ihre eigene Stimme aufspürt, daß sie über den Körper fremdbestimmt wird. Wenn wir uns also mit Reproduktionstechnologien beschäftigen wollen, müssen wir davon ausgehen, daß es den natürlichen Körper der Frau nicht gibt.
Wir haben nun schon zwei soziale Determinanten aufgezeigt, die das Bild des Körpers (der Frau) nicht nur rahmen, sondern zugleich auch seinen Inhalt als Bezugsrahmen bilden. Diese beiden Determinanten sind miteinander strukturell verbunden. Das eine ist die kulturelle Prothesenhaftigkeit, das andere ist die soziale Geschlechtsbestimmung des Körpers. Wenn Freud den Menschen, die Krone der Schöpfung, als Prothesengott bezeichnet hat, so ist diese Schilderung des

kulturellen Fortschritts als ansteigende Summation von Prothesen vergleichbar mit seinem Diktum, «wo Es war, soll Ich werden». Denn in der 31. Vorlesung der Neuen Folge der Vorlesungen zur Einführung in die Psychoanalyse (1933) fügt er an diesen Imperativ den Satz an: «Es ist Kulturarbeit etwas wie die Trockenlegung der Zuydersee» (Freud, op.cit., S. 516). Auch hier der Vergleich der Kulturarbeit mit einer technischzivilisatorischen Arbeit, und diese wiederum wird mit der Arbeit an der seelischen Entwicklung verglichen. Davor hat nämlich Freud geschrieben: Absicht der therapeutischen Bemühung ist es ja, «das Ich zu stärken, es vom Über-Ich unabhängiger zu machen, sein Wahrnehmungsfeld zu erweitern und seine Organisation auszubauen, so daß es sich neue Stücke des Es aneignen kann» (Freud, op.cit., S. 516). Ichbildung, Identität, Souveränität des Subjekts einerseits, und technische Extension des Körpers, Transformation der Natur durch prothesenhafte Hilfsorgane, Technologie-Ausbau andrerseits, stehen also bei Freud unter demselben Joch, nämlich der Kulturarbeit.

Dort wo Es war, ist es meine Aufgabe, zum Sein zu gelangen? Aber wie, wenn Es das Objekt, der Phallus das Subjekt des Unbewußten ist? Dann kann ja die Frau, die keinen Phallus hat, nur ein verlorener Signifikant sein, gekennzeichnet von Kastration und folglich von «Seinsmangel». Wenn das Sein an einen Signifikanten gebunden ist, den Phallus, das Symbol der Libido, dann hat die Frau folgerichtig kein Sein und muß konstruiert werden.

Die Reproduktionstechnologie ist daher ambivalent zu sehen. Einerseits ist sie eine Fortsetzung der Kulturarbeit: die prothesenhafte Transformation des Körpers, die Enteignung des Körpers, die Entkörperlichung, und die «Durchquerung des Phantasmas», die Trennung des Subjekts vom Objekt, die Ichentwicklung, der Durch-Bruch zum Sein. Aber da dies unter einem männlichen Signifikanten geschieht, ist die Reproduktionstechnologie andererseits eine Fortsetzung der männlichen Konstruktion des Weiblichen. Eben weil die Frau nicht existiert bzw. nur als Körper, kann die Wissenschaft ungeniert an der Natur, am Körper der Frau experimentieren. So ist die Frau in einer double-bind-Situation, in einer ausweglosen Situation, ihre «Passe» (Lacan), ihr Durchqueren des Phantasmas wird gebrochen. Denn einerseits muß die Frau den Prozeß der Ichwerdung des Es, der Subjektbildung betreiben, sodaß «ich bin nicht» überdeckt wird von «ich bin es». Aber andererseits steht am Ende der Analyse die Enthüllung der Kastration, der Penislosigkeit, d.h. für die Frau die Rückkehr zum Objekt von «ich denke nicht». Das Durchqueren des Phantasmas wird vom phallischen Signifikanten gekreuzt. Der Körper der Frau ist also der Ort, wo die «Kultur» die Blockade der Frau herstellt. Mitten im Körper der Frau selbst errichtet «die Welt» den Bruch, den Widerspruch, die Nichtkongruenz von Es und Ich, die sich im grenzenlosen Schmerz der Zerrissenheit äußert. Daher kommt es, daß die Frauen ihren Körper als Spiegel der Welt empfinden, in jenen «psychisch krankhaften» Phasen, wo das Unbewußte sich artikuliert, wo gegen die Durchkreuzung des phallischen Signifikanten rebelliert wird. Im Leib selbst erfahren sie die Zerreißprobe des Spiels der Signifikanten, die über ihr Sein oder Nichtsein entscheidet. Die Malerin und Schriftstellerin Leonora Carrington schreibt in «Unten» (Suhrkamp 1981, En bas, Paris 1973), wo sie über ihre Empfindungen berichtet, als sie 1940 als «unheilbar Irre» in einem Sanatorium in Santander an Händen und Füßen gefesselt lag:

«Ich hatte das Erbrechen bewußt herbeigeführt, indem ich das Wasser von Orangenblüten trank. Damals hoffte ich, durch die heftigen Krämpfe, die meinen Magen gleich einem Erdbeben zerrissen, mich von meinem Schmerz ablenken zu können. Jetzt weiß ich, daß dies nur ein Aspekt des Erbrechens war: Ich hatte die Ungerechtigkeit der Gesellschaft kennengelernt, wollte mich zunächst reinigen und so ihre brutale Dummheit hinter mir lassen. Mein Magen war der Sitz dieser Gesellschaft, aber auch der Ort, in dem sich die Elemente der Erde mit mir vereinigten. Er war, um ihr Bild zu gebrauchen, der Spiegel der Erde, dessen Bild dieselbe Realität hat wie das Abgebildete. Dieser Spiegel – mein Magen – mußte von dicken Schmutzschichten gesäubert werden (den allgemeingültigen Formeln), damit er wieder ein getreues Spiegelbild der Erde abgeben konnte, ...» (op.cit., S. 10f.; siehe ebenfalls: Valie Export, «Feministischer Aktionismus. Aspekte», in: Frauen in der Kunst, Edition Suhrkamp, Hrsg. G. Nabakowski, H. Sander, P. Gorsen, 1980).

Die Identifikation beginnt zu schwanken. Der Körper löst sich vom Subjekt und identifiziert sich mit den Objekten der Außenwelt:

«Zunächst verlief die Fahrt ohne Zwischenfall, bis der Wagen, zwanzig Kilometer hinter Saint Martin, mit blockierten Bremsen stehenblieb. Ich hörte Catherina sagen: 'Die Bremsen sind blockiert.' 'Blockiert!' Auch ich war in meinem Inneren blockiert, durch Kräfte, die meinem bewußten Willen nicht zugänglich waren, und ich war überzeugt, daß die Macht meiner Angst sich auf den Mechanismus des Autos übertragen und ihn gelähmt hatte. Dies war das erste Mal, daß ich mich mit der Welt außerhalb meines Körpers identifizierte. Ich war das Auto» (op.cit., S. 15).

Beim Entlanggleiten der Signifikantenkette identifizierte sich in einer logischen Verschiebung das Ich zuerst mit dem Körper, dann der Körper mit den Objekten der Außenwelt, und schließlich das Ich mit dem Objekt («Ich bin das Auto»), von dem sich zu lösen das Ich ja ursprünglich angetreten ist. Das Ich gibt es ja gar nicht ohne diese Trennung. «Ich bin das Auto» heißt also Ich- und Seins-Verlust.

In der Aporie «Ich bin das Auto», in diesem logischen Widerspruch, wird die ganze Sackgasse erkennbar, in welche der Körper die Frau in unserer Kultur steuert. Die «Passe» wird für die Frau zur Sackgasse, zum dead end. Die Misere der Kultur wird noch dadurch verstärkt, daß die kulturelle

Arbeit der Frau in ihr wenig gilt, zwangsläufig wenig gelten muß. Denn wenn die «Kulturarbeit» ja zur Verstümmelung und zum Verschwinden der Frau beiträgt, dann kann sie ja nicht gleichzeitig deren Forum sein. Kultur, wie wir sie heute kennen, ist nicht der Ort der Frau; sie ist davon per definitionem exiliert. Dies erklärt, warum Frau Shoshanna Felman (aus der Lacan-Schule) in ihrem Buch «Writing and Madness» (Cornell University Press, 1985) nur über Männer (Nerval, Flaubert, Balzac, Henry James) schreibt, obwohl die «wahnsinnigen» Texte von Frauen zu den relevantesten und erhellendsten (revealing) gehören. Wenn sie schreibt «the madness silenced by society has been given voice by literature» (op.cit., S. 15), dann setzt sie das Schweigen der Gesellschaft über die «wahnsinnige» Literatur von Frauen fort. Männlicher Verrücktheit hat die Literatur eine Stimme gegeben, weil sogar in ihrer Abweichung Männer Teil der Kultur sind. Doch weiblicher Verrücktheit hat die Literatur noch keine Stimme gewährt.

The Enigma of Woman

In der 33. Vorlesung der «Neuen Folge der Vorlesungen zur Einführung in die Psychoanalyse» mit dem Titel «Die Weiblichkeit» (Feminity) spricht Freud «über das Rätsel der Weiblichkeit» (Freud, Studienausgabe Band I, S. 545, Fischer, Frankfurt 1982). Das Rätsel der Natur der Weiblichkeit sieht Freud in ihrer Sexualität begründet, im «Einfluß des Penismangels auf die Gestaltung der Weiblichkeit» (op.cit., S. 562f.). Der anatomische Geschlechtsunterschied, als Mangel und Defekt ausgelegt, hat weitreichende psychische Folgen und konstituiert das Wesen der Frau, das weitgehend «durch seine Sexualfunktion bestimmt wird», auch wenn «die einzelne Frau auch sonst ein menschliches Wesen sein mag» (op.cit., S. 565). Die Psychoanalyse artikuliert hier das Bewußtsein der Kultur, den kulturellen Code der Frau. Damit wird deutlich, daß in einer phallokratischen Gesellschaft die Definition der Frau durch die Sexualfunktion des Körpers die Frau nicht nur aus der Kultur exkludiert, sondern sogar ihre Selbstwerdung obstruiert wird. Kein Wunder, daß die Frau in ihrer Ambivalenz zwischen Auflehnung und Anpassung, zwischen Es und Ich, zwischen Vollendung und Fragment zum Rätsel wird. Die Kultur erzeugt das Rätsel Weib. In allen weiblichen Versuchen der Rebellion gegen die Fremdbestimmung durch den männlichen Logos, wie Hysterie, Anorexie, war der Schauplatz daher der Körper.

In der 1985 von mir (zusammen mit Silvia Eiblmayr, Catrin Pichler und Monika Prischl-Maier) im Museum des 20. Jahrhunderts in Wien veranstalteten Ausstellung «Kunst mit Eigen-Sinn» über die aktuelle Kunst von Frauen (Kunst mit Eigen-Sinn. Aktuelle Kunst von Frauen, Texte und Dokumentation, hrsg. von S. Eiblmayr, V. Export, M. Prischl-Maier, Löcker Verlag Wien,

1985) habe ich daher besonders Kunstwerke vorgestellt, welche, wie der Ausstellungs-Titel (Kunst mit Eigen-Sinn) ja selbst schon sagt, die Frage nach der weiblichen Identität, nach einem eigenen Leben und eigenem Sinn (siehe U. Zürn) stellen, insbesondere aber die Interpretationen des Ich-Zustandes der Frau über dem Körper inszenieren. Diese Inszenierungen des Ichs – über den Körper, über Bilder vom Körper, über einen zersplitterten Körper – zeigten die Tendenz, den Status des Opfers hinter sich zu lassen, indem die soziale Konstruktion der Frau, die Wunde des Defekts Frau, die verstörende Ambivalenz, die kulturellen Codes der Frau, die Blockade der «Passe», die kulturellen Bilder der Frau selbst thematisiert wurden. Denn eines durfte nicht verkannt werden, daß es wohl kaum eine Imagination des Weiblichen oder eine feministische Ästhetik gibt, die sich der «Kultur» einschreiben will, die nicht vom Ort des patriarchalischen Diskurses her geschrieben worden wäre. Daher habe ich schon 1973 geschrieben: «Art can be a medium for our self-determination, but only if we change art. This offers art new values. These values will change reality by means of the cultural symbolic process towards adaptation to feminine needs.» (Valie Export, Women's Art. A Manifest (1972), in: Neues Forum, Janner, Wien 1973. Manifest zur Ausstellung «Magna. Feminismus: Kunst und Kreativität». Ein Überblick über die weibliche Sensibilität, Imagination, Projektion und Problematik, suggeriert durch ein Tableau von Bildern, Objekten, Fotos, Vorträgen, Diskussionen, Lesungen, Filmen, Videobändern und Aktionen. Zusammengestellt und organisiert von Valie Export, Galerie nächst St. Stephan, Wien, 1975.)

In Ich-Inszenierungen über den Körper oder in femininen Objekten (wie das Bett) konnte man erkennen, wie die Weiblichkeit versucht, jener Ambivalenz der Kulturarbeit zwischen Transformation des Körpers (das Ich als Objekt) und Transformation des Es (das Es als Ich) zu entkommen, um eine spezifische weibliche Ästhetik, eine Kunst mit Eigen-Sinn, um ein weibliches Selbst zu erreichen.

Die Schweizer Künstlerin Miriam Cahn, die am Boden liegend riesenhaft große Blätter Papier bezeichnet, leistet diese Kulturarbeit in jener Position, welche die Kultur ihrem Geschlecht traditionell zuschreibt. In den Bildern der Kulturgeschichte nämlich liegt die Frau meist im Bett oder auf einem Sofa oder sonstwo ausgestreckt. Diese geschlechtsspezifische Vergangenheit, in einer Körperhaltung sichtbar gemacht, diese verordnete Passivität wird aber durchbrochen durch eine sehr wilde Zeichnerei. Ihre Körpertechnik verursacht Miriam Cahn, ihre Zeichnungen «spatial work» zu nennen. Die raumgreifende Tendenz des weiblichen Körpers in Zuständen der Ich-Insurrektion ist uns ja aus L. Carringtons Texten bekannt. Invers zur männlichen Optik, siehe Freuds einleitende Passage, die jedes von Menschen hergestellte Objekt zu einer Projektion des menschlichen Körpers macht, verleibt die weibliche

Optik den Umgebungsraum, die Objekte dem menschlichen Körper ein. Cahn nennt daher ihre Arbeit «spatial work», weil ihr körperliches Zeichnen auf dem Boden den Raum mit einschließt. Die tschechische Künstlerin Eva Kmentova sagt: «I move in the microcosmos of myself, my body and the things that surround me.» Hier finden wir also wieder das typische Tripel Selbst, Körper, Objekte, welche die weibliche Identität flottieren lassen und diffus machen, wodurch die Frau sich nicht identifiziert «with something in particular, with never being only *one*» (Luce Irigaray), und zum Geschlecht wird, das nicht eins ist, um dem von der Phallokratie auferlegten Impasse, dem Verwehren der «Passe» zu entgehen. Laura Carlotta hat einen Wohnschrank hergestellt, in dessen herausgezogenen Schubladen Fotografien von Körperteilen lagen. Der Körper wird zum Möbel, metonymisch zum Haus, in dem das Selbst, das Ich wohnt, aber gleichzeitig zum Auto, wo das Ich sich verliert. Daher die zerstückelte Repräsentation des Körpers in den Fotografien. Denn bei der weiblichen Aneignung der Umwelt durch den Körper, bzw. bei der Rückverwandlung des Körpers in Objekte (siehe auch das Selbstporträt als Stuhl von der österreichischen Malerin Maria Lassnig: «Niagara Chair Selfportrait», 1977) geschieht die Darstellung des Körpers in Teilen, Fragmenten, Mechanismen («Ich bin das Auto»). Das weist darauf hin, daß die Frau ihren eigenen Körper von außen betrachtet, als entfremdet. Den Körper von innen zu betrachten, hieße ihn ja in Ausdrücken seiner Bedürfnisse zu empfinden, wie Elaine Scarry richtig beschreibt (op.cit., S. 285), aber diese Bedürfnisse des weiblichen Körpers sind ja in der Kultur tabuisiert, gekappt. Also ist der Frau dies nicht möglich. Maria Lassnig spricht von Body-Awareness-Zeichnungen, «die ersten Selbstdarstellungen einer Innenschau», zeigt uns aber nur Objekte und Tiere, mit denen ihr Körper verwachsen ist. Bei ihren «Inside-Ansichten» rekurriert sie auf die «Realität des Körpergehäuses», weil Haus als Metapher für den Körper der Frau nicht nur der von unserer Kultur auferlegten Körpererfahrung der Frau entspricht, die eine externalistische und ganz und gar keine internale ist, eine von außen erlebte, obwohl von den Frauen selbst gelegentlich das Gegenteil behauptet wird (die genannten Künstlerinnen sprechen ja immer vom Raum und den Objekten, die den Körper umgeben, nie von den Eingeweiden oder Bedürfnissen des Körpers), sondern weil in der patriarchalischen Zivilisation die Frau tatsächlich ein Haus ist («Das Wohnhaus ist Ersatz für den Mutterleib», S. Freud). Die Frau als Haus, als Behausung des Babys, ist die Reduktion der Frau auf den Womb, den Mutterleib. Die Gesellschaft ordnet in der Tat der Frau allein die Rolle des Hauses zu, das heißt die biologische Funktion des Gebärens, das Austragen der Frucht. Freud sagt ja nicht: «das Wohnhaus ist Ersatz für den Vaterleib», da wäre ja die Metapher ohne Sinn, ohne die sinnstiftende Analogie von Haus und Mutterleib, welche die

Metapher ermöglicht. Auch die französische, in New York lebende Bildhauerin Louise Bourgeois zeichnet deshalb oft Frauen als Häuser und die Vagina als Eingang und bestätigt somit die männliche idée fixe vom Wesen und von der Funktion der Frau.

Das Körperbewußtsein der Frau ist gekennzeichnet von der Erfahrung des Körpers als Grenze, als Differenz. Eben weil das Selbst unter dem Druck der Kultur sich mit dem Körper vermischt, ist dieser Drang vorhanden, dem Körper zu geben, was dem Ich zu geben nicht gelang, Autonomie und Abgrenzung von der Umwelt, dem Über-Ich. Um den Unterschied zwischen sich und der Umwelt zu spüren, muß sich zuerst der Körper spüren. Die leibliche Erfahrung der Differenz, welche die anatomische Geschlechtsdifferenz wiederholt, wird wichtig. Aus ihr entsteht die ontologische Erfahrung des Leibes als Differenz. Die anatomische Differenz des geschlechtlichen Leibes ist die ursprüngliche Differenz. Durch ihren Körper wird die Frau zur Differenz. So wird der Körper auch zum Instrument, um ihre Differenz zu erfahren und auszudrücken. Doch wie wir gesehen haben, stellt sich der weibliche Körper nicht als Einheit mit sich selbst dar, als autonom, sondern heteronom, verknüpft mit Gegenständen und Tieren. Scheinbar ist die Differenz verwischt, die Grenze diffus. In Wahrheit versteckt sich dahinter ein Repräsentationsproblem.

The Enigma of the Image

Um sich als Differenz zu repräsentieren, müssen die heteronomen Elemente (sowohl der Körper als auch die Objekte) gleichzeitig anwesend sein. Nicht anders kann Differenz gezeigt werden, denn zeigte ich nur den Leib oder nur die Objekte, würde ich ja die Differenz nicht darstellen. In der repräsentativen Fusion von Körper und Objekten, von Körper und Raum, in der Einbeziehung des Umgebungskörpers in den eigenen Körper repräsentiert sich nicht Konfusion, sondern die gnadenlose Differenz, welche die reale Erfahrung des weiblichen Körpers ist. Die ontologische Körpererfahrung der Frau ist die gleichzeitige Erfahrung des Eigenen und Fremden. Für sie gilt Kafkas Wort: «Das einzige Reale ist der Schmerz», denn die Körpererfahrung als Differenzerfahrung ist schmerzlich. Durch diese repräsentierte Verschmelzung wird natürlich die externale Welt des Privilegs beraubt, leblos zu sein. Ein Bewußtsein der eigenen Lebendigkeit überträgt sich bei dieser weiblichen Ausdehnung/Projektion des Körpers auf die Umgebung. Hier ist die Quelle für jenen «Animismus» zu sehen, der so gerne den Frauen zugesprochen wird, ihr Gefühl für Pflanzen und Tiere und leblose Objekte. Dabei ist diese Belebung lebloser Objekte, die als Animismus difamiert wird, wenn sie einer weiblichen Körperextension, Körperprojektion entspricht, nichts anderes als das direkte Geschäft der Kultur. Die Techno-Transformation der Welt, die Ersetzung der Organe durch Prothesen ist ja eine Art (inverser) Animismus, wo belebte Organe unbelebten Objekten gleichgesetzt werden. Die «animistische» Fähigkeit der Frau (vor allem der Hexe) ist also die Negativform der männlichen proteushaften Kreativität. Es ist daher nicht überraschend, daß Fetischismus sowohl in der animistischen als auch in der technischen Welt zu finden ist, denn ihr gemeinsamer Ursprung ist die Projektion des menschlichen Körpers in die Umgebung bzw. umgekehrt, sodaß der Mensch als Maschine und Maschinen menschlich erscheinen können. «The structure of representation is a structure of fetishism», schreibt daher zu Recht Stephen Heath, Barthes folgend, in «Sexual Fix». Die bijektive Verknüpfung von Animismus und Techno-Transformation fokussiert daher im menschlichen Körper ihren gemeinsamen Traum, die Erschaffung des künstlichen Menschen, den endgültigen Triumph der Belebung des Unbelebten. Es ist in diesem Zusammenhang von besonderer historischer Wichtigkeit, darauf hinzuweisen, daß das Bild des populärsten künstlichen Menschen von einer Frau geschaffen wurde, nämlich Frankensteins Geschöpf, 1818 von Mary W. Shelley. Zu Beginn des Maschinenzeitalters und der industriellen Revolution, mit dem bezeichnenden Untertitel «Der neue Prometheus». Geschöpfe aus der Retorte, künstlich erzeugtes Leben, Reproduktionstechnologien sind also auch «animistischen» Frauen, sogar Frauen der Romantik, nicht fremd.

Wir erkennen, die Repräsentation der Differenz im Bilde, welche die weibliche Erfahrung des Körpers in ihrer ambivalenten Doppelstruktur aufzeigt, schafft nicht nur das Rätsel des Weibes, sondern auch das Rätsel des Bildes. Im Repräsentationssystem der phallokratischen Kultur, wo die Frau nur als Körper existiert oder als Bild (oder gar nicht), ist die Repräsentation des Mannes transparent, die der Frau aber opak, da die Frau immer versucht, mehr zu sein als Körper und Bild. Man könnte sogar fast sagen, unsere Kultur hat nur Bilder von Frauen erzeugt und das einzige, wo Frauen sich wiedererkennen können, sind Bilder. Aber Bilder von wem gemacht? Die postmoderne Praxis, die von der Kultur erzeugten, in Gemälden und Printmedien realisierten Bilder von Frauen zu befragen und zu dekonstruieren, auf ihre weibliche Identität hin zu untersuchen, ist eine Aufgabe, deren Schwierigkeit – um nicht zu sagen Aporie – in Anlehnung an Freuds einleitende Passage so formuliert werden könnte:

Die Bilder der Frau, die unsere Kultur erzeugt hat, sind die Abbilder einer Realität, die nicht für alle dieselbe Wirklichkeit ist, sondern als sozial konstruierte verschiedene Interessen vertritt. Der Fotoapparat, der das in der kulturellen Entwicklertasse liegende Bild hergestellt hat, ist das männliche Auge (Valie Export, Text zu: Mann & Frau & Animal, Film 1973). Das Bild, das sich nun in der Kultur (Entwicklertasse) entwickelt, ist es das reale Bild der Frau, ist es überhaupt ein Bild der Frau? Und wie kann sich das weibliche Abbildungsobjekt zu einem Foto seiner selbst entwickeln? Wie das Foto der Frau zum Subjekt Frau? Wie bildet sich quer durch die typischen Identifizierungen des weiblichen Subjekts das Ich (der Frau), in dem es sich erkennen kann, wenn die Gesellschaft die Zielobjekte der Identifizierung für die Frau entweder blockiert, diffus oder beliebig variabel macht? Freud antwortet mit dem Realitätsprinzip. Doch wir müssen fragen, ist es die Realität des Körpers oder die Realität der Bilder? Da diese bei den Frauen oft zusammenfällt. Deswegen rekurriert die feministische Ästhetik fast ausschließlich auf den (nackten) Körper der Frau oder die Dekodierung des Bildes der Frau. Wir haben gesehen, wie beides, die Körpererfahrung und die Repräsentation im Bild, opak ist aufgrund des sozialen Impasse, in dem die Frau sich befindet. Die Repräsentation der Differenz in den Körpererfahrungen wie die Repräsentation der Differenz im Bild sind opak und ambivalent. Die opake Repräsentation (der Differenz) erzeugt das Rätsel des Weibes und das Rätsel des Bildes. Im Bild, in der Repräsentation verbirgt sich der Schlüssel zum Rätsel Weib. Die Frau ist von Bildern bedeckt, von Projektionen, von Codes. Daher die fast manische Sucht in der feministischen Ästhetik der Postmoderne, die Frau zu dekonstruieren, ihrer Bilder zu entkleiden, und in der Performance, den Körper der Frau zu entkleiden. Diese Dekonstruktion und Dekodierung der Realität in Bildern sowie der Bilder der Realität können aber das Virus des männlichen

Diskurses (wegen der erwähnten Problematik der Repräsentation) nicht abschütteln und laufen daher Gefahr, im no space, im schwarzen Leer-Raum zu landen, wie uns die Erfahrungen von Künstlerinnen zeigen. Die portugiesische Fotokünstlerin Helena Almeida schreibt zu ihren Selbstporträts, wo ihr mit schwarzer Kleidung bedeckter Körper nahtlos in die schwarz bemalte Umgebung übergeht:

«Now I wanted to immerse my own body in black – just to see. This 'experience in black' gave me the sensation as if I were expanding into infinite space. It was as though my inner self had fled to the limits of my body and, since it could not stay here, had left me and dispersed itself in all directions, in an undefinable outside. It was the sensation to consist of nothing, to give myself up and at the same time to feel an abundance that led to this sort of floating-falling-space.»

Die uns schon vertraute Thematik kehrt wieder: die Identifizierung des Selbst mit dem Körper, die Grenze, die Ausdehnung des Ichs in den Raum und der gleichzeitige Ich-Verlust, das Bewußtsein des Nichts und der Leere. Der Ort der Frau ist also die Leere, der virtuelle Raum, der no space. Die Abbildung der Frau durch die Frau kollabiert in Schwarz, so total ist der Impasse. Das sich unter dem weiblichen Auge entwickelnde Foto ist schwarz, liefert gar kein Bild der Frau. Die Foto-Installation der britischen Künstlerin Helen Chadwick «Ego Geometria Sum. Incubator», die Fotos ihres Körpers in Haltungen der Jahrhundertwende zusammen mit Objekten der Kindheit oder geometrischen Körpern zeigt, und welche anschließend auf den geometrisch reduzierten Objekten der Kindheit montiert sind, die wiederum den Wänden entlang wiederholt werden, versuchen zwei Diskurse zu versöhnen, den Körper (die natürliche Anatomie) und die Maschine (die Geometrie), das organische Lebendige und das Leblose. Doch in ihrer geometrischen Zersplitterung des eigenen Körpers zeigt sie uns wiederum die Ich-Auflösung, den virtuellen Raum, die virtuelle Absenz der Frau, die als «Geschlecht, das nicht eins ist» (L. Irigaray), sich jeder Definition, Klassifikation, Identifikation entzieht. Die Frage ist nur, ob sich dieser Entzug freiwillig oder als Eskapismus unter dem Druck des einen Signifikanten, der phallokratischen Zivilisation, ereignet. Die weiblichen Inszenierungen der eigenen Körperlichkeit sind Inszenierungen der Auflösung, der Opakheit, der Unbestimmtheit, der Ambivalenz, der bloßen Virtualität.

Die Repräsentation des Körpers und seine Desertion

Darf man daraus schließen, daß das weibliche Selbst sich vom eigenen Körper wie von den eigenen Bildern lösen muß? Der schwarze virtuelle Raum der Frau, tendiert er nicht nach der Demonstration des Verschwindens des Körpers, wie in Almeidas Fotografien? Wenn die Frau nicht existiert, und deshalb ihr Raum unsichtbar, schwarz ist, dann kann ihre Realität nicht der sichtbare Körper sein, und auch nicht das Bild der Realität. Die Frau muß die Repräsentationsformen, unter die man sie gebeugt hat – und dazu zählen der Körper wie die Bilder – unterlaufen und überspielen. In einer Epoche, für die gilt, was Martin Heidegger 1938 in «Die Zeit des Weltbildes» sagte (publiziert 1952), daß es nämlich für unsere Zeit charakteristisch ist, daß die Welt nur mehr ein Bild ist, daß die Welt nur existiert durch die Subjekte, welche die Welt zu erschaffen glauben, indem sie ihre Repräsentation produzieren, muß die Frau die Repräsentation, den Repräsentations-Apparat unserer Gesellschaft ruinieren, um zum Sein zu gelangen. Sie muß aber auch ihre vom Männlichen abgeleiteten Negativformen, das sogenannte Weibliche, negieren, das heißt akzeptieren, daß die Frau nicht Mutter sein muß, nicht passiv sein muß, nicht Körper sein muß, nicht weibliches Selbst für ein anderes Selbst. Im Gerede «mein Bauch gehört mir» identifiziert nämlich wiederum die Frau das Ich als Körper, genau das, was die männliche Definition der Frau ohnehin will. Wenn Frauen gegen die Auflösung des Körpers sind, wie sie in der extrakorporalen Befruchtung eingeleitet wird, dann bestätigen sie also die männliche Identifizierung der Frau als Körper. Die Frau muß sich daher vom Körper und den Bildern der Frau lösen.

Die großen weiblichen Rebellionsformen wie Hysterie und Anorexie lehren uns dies als Verweigerung des Körpers wie der Bilder. Die Hysterie schöpft gerade aus der Ambivalenz, die der soziale Impasse der Frau auferlegt, ihre Macht. In ihrem Buch «Nicht Ich – Ich Nicht» (1985, Verlag Neue Kritik, Frankfurt) schreibt Christina von Braun: «Die Hysterika 'entkleidet' sich, sie streift den Körper ab, den sie sich im Kampf gegen den Logos zugelegt hatte, so wie man sich einer Verkleidung, einer zweiten Haut entledigt» (op.cit., S. 453). Georges Didi-Huberman hat in seinem Buch «Invention de l'Hystérie» (1982, Edition Macula, Paris) in vielen vorgelegten Fotografien gezeigt, wie die Hysterie eine Fabrikation von Bildern war, eine theatralische Inszenierung für den Regisseur, den Arzt, den Mann. Charcot war gleichsam ein Bühnen-Künstler, ein Dirigent, der die mise en scène und en images der Hysterie provozierte, dirigierte, leitete. In der Magersucht sehen wir die stärkste weibliche Ablehnung des Körpers, die aber nicht eine Ablehnung des Weiblichen bedeutet, sondern die Ablehnung der männlichen Identifizierung des Weiblichen mit dem weiblichen Körper. Daß die Magersucht letztendlich zum Tod, zur Auslöschung des Körpers führt, indiziert nur, daß die magersüchtige Frau die Entleibung des Körpers einer Entleibung/Enteignung des Geistes und der Sprache vorzieht. Bevor im Körper ihr Selbst entleibt wird, entleibt sie sich lieber selbst. Ein Paradigmenwechsel in der Geschlechterrolle bereitet sich vor: «Der Körper, die Materie, die einst dem Frausein vorbehalten waren, sind 'männlich' geworden.

Die 'Krankheit des Gegenwillens' hingegen hat sich der einstigen Eigenschaften der 'Männlichkeit' bemächtigt: Immaterialität, Geistigkeit der 'reinen Vernunft'» (Christina von Braun, op.cit., S. 453). Auch die Hysterikerin hat aus ihrem Leib schon eine Fiktion gemacht. Der reale Körper wird im hysterischen Schauspiel zur Bühne der Simulation. In der Magersucht wird die Entleibung, die Entmaterialisierung total. Der Körper erscheint als Prothese, als «Klon», als künstliches Organ. Im Verweigern der Nahrung gelingt die totale Zurückweisung der Zwänge des Stärkeren aus einer Position der Ohnmacht. Auch die Mutter wird zurückgewiesen. Die Macht der Mutter, des Vaters, des Realen wird aufgehoben, indem ihnen keine Macht mehr über den Körper und auch dem Körper selbst keine Macht mehr verliehen wird. Die Abgrenzung nach Außen ist total. Auch der Körper wird zum Außen. Der Körper verfließt nicht mehr positiv mit der Umwelt, wie in den bisherigen Beispielen. Sondern weil der Körper zur Umwelt gehört, woher die Macht kommt, wird der Körper abgelehnt. Der Körper erscheint als Komplize des Realen und der Macht. Die Entleibung, die Auflösung des Körpers ist der Triumph über das Realitätsprinzip und über die Repräsentation. Der Haken ist klarerweise, daß dies aus einer derart extremen Position der Schwäche geschieht, daß der Widerstand und die Verweigerung zur eigenen Auslöschung führen können. Aber ist nicht die Position der Frau, des schwächeren Geschlechts, in unserer Kultur derart ohnmächtig?

In der Verweigerung des Körpers erkennen wir die Verweigerung des Realen, weil es ein Reales der männlichen Macht oder der phallischen Mutter ist. Das eigentliche Double des Realen ist der Körper, lehrt uns die Anorexie. Ihr Kampf gegen den Körper ist ein Kampf gegen das Reale, das die Macht des Mannes repräsentiert. Die Insistenz der Frauen auf den Körper als ihr Eigenes, ihr Reales widerspricht nicht nur den Erfahrungen höchster weiblicher Repräsentationsformen wie Hysterie und Anorexie, widerspricht den in weiblichen Kunstwerken repräsentierten Erlebnissen, sondern verfestigt die Macht des Realen, die Macht der männlichen Kultur.

Auf diesem Hintergrund sind journalistisch-schmissige Bücher wie «The Mother Machine» von Gena Corea (1985, Harper & Row), welche die «Reproduktionstechnologie als bloßes Produkt der männlichen Realität» (S. 10), als «Ausbeutung von Frauen« (S. 12) sehen, wenig «fruchtbar», um im Jargon zu bleiben. Denn nicht nur Patriarchen wollen «klonen». Reproduktionstechnologie kann auch als sanftere Version der Anorexie betrachtet werden, als Befreiung von der Last des Leibes, als Chance, das Selbst der Frau vom Körper der Frau zu lösen, jenseits des Mutterbildes und jenseits des Realitätsprinzips, das ein Machtprinzip ist. Die sozial-patriarchalisch verordnete Rolle der Geschlechter, die idées und images fixes der Frau sind eine Realität, eine Materialität geworden, deren Double und Komplize der Körper ist. So wie die Magersüchtige dagegen ankämpft, um ihr Selbst, ihre eigene Identität zu errichten und zu wahren, so auch die Kulturarbeit der Frau. Die Desertion des Körpers als Double des Realen gehört zur inneren Logik der Subversion, wie die Frau die Transformation des Körpers und die Transformation des Es, die beiden Achsen der Kulturarbeit, die normalerweise für die Frau in einem Impasse münden, neu zusammensetzen, überwinden, verändern, versöhnen und für sich wirksam machen kann. Von der Repräsentation verlagert sich die Front zur Reproduktion, wo die Souveränität des Selbst für die Frau nicht erreichbar scheint, wenn sie nicht bereit ist, das Bild des Körpers zu verlassen, in dem sich das Enigma of Woman und das Enigma of Image vereinigen, vereinigen müssen, weil für die Frau (siehe L. Carrington) im Repräsentationssystem unserer männlichen Kultur das Bild und das abgebildete Objekt dieselbe Realität haben.

Das Bild wurde schon immer als Double des Realen gehandelt. Als Bild wurde die Frau Opfer der phallisch-kulturellen Repräsentationsstrategien. Die Verweigerung der Darstellung des Körpers durch das Bild, das Verstecken des Körpers (oder das exzessive Bloßstellen des Körpers) und das Verweigern des Bildes gehörten daher zu den emanzipierenden Kunstformen feministischer Ästhetik.

Die als spezifisch weiblich diffamierte Insurrektion, die Hysterie, war schon eine Revolte gegen den Körper als das Reale – als Verkörperung des Realitätsprinzips (des Logos) – z.B. die Verweigerung der geschlechtlichen, korporalen Funktionen durch Goethes Schwester, die das Bett nicht verlassen wollte. Bild und Körper sind also die zwei Double des Realen. So wie einst als Bild, droht nun die Frau als Körper Opfer der Reproduktionstechnologien zu werden. Da wir aber gleichzeitig mit Freud übereinstimmen, daß vermehrte Prothesenhaftigkeit aus dem Fortschreiten der Kultur entsteht, können wir die Entkörperlichung nicht ablehnen. In dieser Klemme ist die Aufgabe des Körpers der Ausweg des Weiblichen selbst.

Die Spielgelfunktion des Körpers bei der Frau macht sogar den Körper zum Bild. Körper, Bild und abgebildete Objekte werden zu unendlichen Spiegelungen gleichen Realitätsgrades. Denn weil die Transformation des Es das Verschwinden des Es, und die Transformation des Körpers das Verschwinden des Körpers intendiert, ist das Festhalten am Körper als die Realität der Frau eine Obstruktion, die dem männlichen Phantasma entspringt und die beide Transformationen verhindert, also auch die Ichfindung, Selbstwerdung der Frau.

Die aktuelle Kunst der Frauen zeigt uns, daß die Frau ihren Körper schon seit langem von außen betrachtet, gleichsam instrumental, obwohl auch die Künstlerinnen selbst manchmal noch glauben, den Körper von innen zu schildern, Bilder des Inneren durch den Körper zu produzieren. Sie verstecken sich in den Werken gleichsam hinter dem Körper. Daher die Sucht, den Körper bloßzustellen. Der instrumentale Blick von außen auf den eigenen Körper ist vergleichbar den Minuten vor dem Abheben eines Ballons. Es bedarf nur noch weniger Schritte, und der Körper wird fallen gelassen. Die Frauen bereiten daher seit M.W. Shelley auf ihre eigene Weise die Voraussetzungen für das Klonen des Körpers, für eine künstliche Reproduktionstechnologie vor.

Die amerikanische Performance-Künstlerin Laurie Anderson zeigt sich in einem ihrer letzten Videos als ihr eigener Klon. In unserer phallischen Kultur und in ihrem Repräsentationssystem («Kräfte, die meinem Willen nicht zugänglich sind», L. Carrington) hat die Frau nicht die Möglichkeit, Autonomie des Körpers und Autonomie des Selbst gleichzeitig zu erreichen, wie uns die «Krankheitsgeschichten» und Kunstwerke zeigen. In der Körpererfahrung als Differenz, die aber in den Repräsentationsformen Sprache und Bild (des männlichen Logos) als «Vermischung» von Körper und Umwelt repräsentiert wird, geht das Ich (seine Autonomie) nur dann unter, wenn es sich mit dem Körper identifiziert hat, weil sich dann scheinbar das Ich mit Objekten vermischt. Die «Vermischung» der heteronomen Elemente in den Körperbildern zeigt schon die Tendenz an, die Autonomie des Körpers zu opfern, um die Autonomie des Selbst zu gewinnen, denn nur wenn die weibliche Identität sich vom Körper trennt und aufhört, sich auf den Attributen und Funktionen des weiblichen Körpers zu begründen und Frausein als Mutter, Gebärerin, (Ehe)Weib etc. zu definieren, dann bricht die Blockade zusammen und die Frau (als Souverän) beginnt zu existieren. «Die biologische Ordnung, die in unserer Gesellschaft mit Gewalt noch herrscht, indem Körpereigenschaften Lebensformen bestimmen, kann nur aufgehoben werden, wenn die Gewalt, die der Körper über den Geist hat, überwunden wird.» (Valie Export, Feminismus und Kunst, in: Neues Forum, Juni/Juli 1973, Wien.)

Technologie und Körper sind die Bijektionen einer Kulturarbeit, welcher sich die Frau nicht entziehen kann, auch nicht im radikalen Fall der Technologie der Reproduktion.

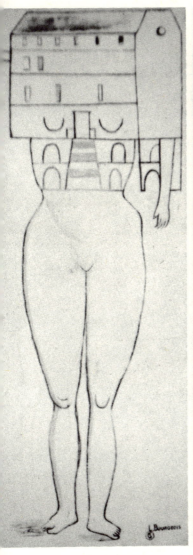 

Louise Bourgeois, Zeichnung   Louise Bourgeois, Zeichnung

Helena Almeida, *Black Exterior*, 1981

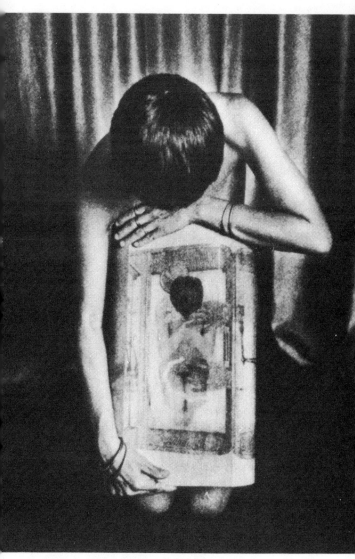

Helen Chadwick, *Ego Geometria Sum. Incubator,*
Foto-Installation (Ausschnitt), 1982–84

Eva Kmentova, *Die große Spalte,* 1975

Valie Export, *Geburtenbett,* Installation, 1980.
Das Monitorbild zeigt die Heilige Wandlung.

Valie Export, *Delta, ein Stück,* Performance, 1976

Valie Export, *Delta, ein Stück,* Performance, 1976

Valie Export * 1940. Lebt in Wien ▶

Valie Export, *Selbstporträt: Transfer Identity,* 1967/70 (Fotoserie)

BIBLIOGRAPHIE

1970 **Wien.** Bildkompendium Wiener Aktionismus und Film, Weibel/Export (Mitarbeit), Kohlkunstverlag
1972 **Zyklus zur Zivilisation.** Zur Mythologie der zivilisatorischen Prozesse. Fotomappe mit einem Vorwort von Günter Brus, Edition Kurt Kalb, Wien
1973 **stadt: visuelle strukturen** (zus. mit H. Hendrich). Edition Literaturproduzenten, Jugend und Volk Verlag, München/Wien
1973 **«wer nicht bemalt ist, ist stumpfsinnig».** Neue Kronenzeitung/Tagebuch
1973 **Women's Art.** Ein Manifest (1972). Neues Forum, Jänner, Wien
1973 **Gertrude Stein / Virginia Woolf. Feminismus und Kunst.** Neues Forum, Jänner, Wien
1973 **Feminismus und Kunst 2. Teil.** Neues Forum, März, Wien
1973 **Feminismus und Kunst 3. Teil.** Neues Forum, Juni/Juli, Wien
1974 **Photo/Literatur.** Edition Neue Texte 12, Linz/Österreich
1974 **GEDICHTE.** Edition Neue Texte 14, Linz/Österreich
1975 **Zur Geschichte der Frau in der Kunstgeschichte.** MAGNA, Feminismus und Kunst, Hrsg. Valie Export, Galerie nächst St. Stephan, Wien
1975 **Works from 1968–1975.** A Comprehension. Biennale de Paris, Hrsg. Valie Export, Wien
1975 **Aktionen in: die löwin.** Hrsg. G.J. Lischka, Bern
1975 **Frau und Kreativität.** Zur Situation und Kreativität der Frau. Forum für aktuelle Kunst, Innsbruck
1975 **Gedichte.** Dimension. A contemporary of german arts and letters, University of Texas, USA
1977 **Körperkonfigurationen 1972–76,** Galerie Krinzinger, Innsbruck, Galerie Stampa Basel, Hrsg. Valie Export
1977 **Überlegungen zum Verhältnis Frau und Kreativität.** Künstlerinnen international, Berlin
1979 **Gedichte** in: Ich lebe alleine, Hrsg. Bettina Best, Matthes & Seitz Verlag, München
1980 **Valie Export,** Biennale di Venezia, Hrsg. Valie Export, Wien
1980 **Feministischer Aktionismus. Aspekte** in: Frauen in der Kunst, Hrsg. G. Nabakowski, H. Sander, P. Gorsen, edition Suhrkamp

1980 **KÖRPERSPLITTER.** Band 1: Konfigurationen, Fotografien 1968–77, Edition Neue Texte, Linz/Österreich
1981 **Delta. A Fragment.** High Performance, Los Angeles
1982 **Expansion der Kunst.** Hrsg. Jürgen Klaus, Ullstein Kunstbuch
1985 **Kunst mit Eigen-Sinn.** Hrsg. S. Eiblmayr, V. Export, M. Prischl-Maier, Löcker Verlag, Wien
1985 **Scratch Cinema experimental.** Paris
1986 **Die Zweiheit der Natur** (zus. mit P. Weibel). ars electronica, Linz/Österreich
1987 **Self.** Neue Selbstbildnisse von Frauen. Frauenmuseum, Bonn

FILME / VIDEOGRAPHIE (seit 1977):

1977 **«Unsichtbare Gegner»**
   16 mm, 112 Min.
   Drehbuchmitarbeit und Regie
1979 **«Menschenfrauen»**
   35 mm, 100 Min.
   Drehbuchmitarbeit und Regie
1982 **«Das bewaffnete Auge»**
   Drehbuch und Regie
   Eine dreiteilige Serie über den internationalen Experimental- und Avantgarde-Film für das ORF, ausgestrahlt 1983
1983 **«Syntagma»**
   16 mm, 18 Min.
   Drehbuch und Regie
1984 **«Die Praxis der Liebe»**
   35 mm, 90 Min.
   Drehbuch und Regie
1985 **«Tischbemerkungen»**
   45 Min.
   Regie
   Porträt über den österreichischen Schriftsteller Oswald Wiener, ORF, Internationale Filmfestspiele Berlin, 1986
1986 **«Yukon Quest»**
   45 Min.
   Dokumentarfilm, ORF, Internationale Filmfestspiele Berlin
   «Ein perfektes Paar oder die Unzucht wechselt ihre Haut»
   Video, 12 Min., ZDF, ORF
   «Die Zweiheit der Natur»
   Video, ORF, ars electronica
   «Mental Images oder der Zugang zur Welt»
   Mitarbeit, 3. Preis im Wettbewerb internationaler Computerfilme, ars electronica, Linz 1987
1987 **«Der Wiener Aktionismus, eine Dokumentation»**
   ORF, zwei Folgen von 45 Min.
   Drehbuch und Regie

Denker/innen
ZU THEMEN
UNSERER ZEIT
Hrsg. G.J. Lischka

1. Jahrgang

G.J. Lischka. Die Schönheit der Schönheit : Superästhetik
Jean Baudrillard. Subjekt und Objekt : fraktal
Eva Meyer. Briefe oder Die Autobiographie der Schrift
Hannes Böhringer. Kunst und Lebenskunst
Daniel Charles. Poetik der Gleichzeitigkeit
Peter Weibel. Die Beschleunigung der Bilder
Christina von Braun. Der Einbruch der Wohnstube in die Fremde
Peter Frank. Intermedia : Die Verschmelzung der Künste
Paul Virilio. Das öffentliche Bild

2. Jahrgang

G.J. Lischka. Kulturkunst. Die Medienfalle
S.J. Schmidt. Kunst : Pluralismen, Revolten
Valie Export. Das Reale und sein Double : Der Körper